MINISTÈRE DU COMMERCE ET DE L'INDUSTRIE

DIRECTION
DES AFFAIRES COMMERCIALES ET INDUSTRIELLES

ORGANISATION DES RÉGIONS ÉCONOMIQUES

DOCUMENTS OFFICIELS

IMPRIMERIE NATIONALE

NOVEMBRE 1920

MINISTÈRE DU COMMERCE ET DE L'INDUSTRIE

DIRECTION

DES AFFAIRES COMMERCIALES ET INDUSTRIELLES

ORGANISATION

DES

RÉGIONS ÉCONOMIQUES

DOCUMENTS OFFICIELS

IMPRIMERIE NATIONALE

NOVEMBRE 1920

I

GROUPEMENTS ÉCONOMIQUES RÉGIONAUX

LOI DU 9 AVRIL 1898

relative aux Chambres de commerce.

(Art. 18 et 24).

. . . .

ART. 18.

Les Chambres de commerce peuvent correspondre directement entre elles, avec les Chambres consultatives des arts et manufactures et les administrations publiques de leur circonscription, pour toutes les questions relatives aux intérêts commerciaux et industriels du pays. Elles peuvent provoquer, par l'entremise de leurs présidents, une entente sur les objets rentrant dans leurs attributions et intéressant à la fois leurs circonscriptions respectives.

. . . .

ART. 24.

Les Chambres de commerce peuvent, sous réserve de l'autorisation ministérielle, se concerter en vue de créer, de subventionner ou d'entretenir des établissements, services ou travaux d'intérêt commum.

Elles peuvent être autorisées à contracter, à cet effet, des emprunts collectifs, dont la charge sera répartie suivant les dispositions déterminées par les actes d'autorisation et dont le service sera assuré par l'excédent des recettes et, au besoin, par des centimes additionnels ou par des péages et des droits établis en vertu de lois ou décrets.

Ces questions d'intérêt commun sont débattues dans les conférences où chaque chambre sera représentée par une commission spéciale nommée à cet effet. Le préfet du département où la conférence a lieu pourra toujours assister à ces conférences. Les décisions qui y seront prises ne seront exécutoires qu'après avoir été ratifiées par toutes les chambres intéressées et par le Ministre du commerce.

Si des questions autres que celles qui sont prévues ci-dessus étaient mises en discussion, le préfet déclarerait la réunion dissoute.

Toute délibération prise après cette déclaration donnerait lieu à l'application des dispositions et pénalités énoncées à l'article 34 de la loi du 10 août 1871.

. . . .

LETTRE CIRCULAIRE

adressée par le Ministre du commerce et de l'industrie aux Présidents des Chambres de commerce le 25 août 1917.

Paris, le 25 août 1917.

LE MINISTRE DU COMMERCE, DE L'INDUSTRIE, DES POSTES ET DES TÉLÉGRAPHES,

à M. le Président de la Chambre de Commerce d

En vue de préparer les mesures susceptibles de développer l'activité économique du pays, j'ai recherché comment il serait possible de faire concourir au développement de la production l'ensemble des ressources dont nous disposons.

J'estime que, pour y parvenir, il convient, tout d'abord, de grouper les forces éparses sur le territoire, de les associer dans une action commune et de leur donner une représentation qui leur permette de devenir d'utiles auxiliaires du pouvoir central dans l'œuvre qu'il poursuit.

Pour réaliser ce plan, j'ai résolu de faire appel, en premier lieu, au concours des Chambres de commerce. Le statut de ces groupements, largement étendu par la loi du 9 avril 1898, leur a donné, avec un budget propre, la personnalité civile et des attributions qui en font les conseils du Gouvernement pour tout ce qui a trait au développement de l'industrie et du commerce local.

Mais, quelque étendues que soient ces attributions, elles ne dépassent pas les limites souvent assez étroites de la circonscription des Chambres de commerce. Or, comment demander aux Chambres de commerce d'aider les Pouvoirs publics dans le domaine des intérêts nationaux, alors que leur action ne s'étend souvent pas au delà d'un arrondissement ?

Ce point de vue n'a pas échappé aux auteurs de la loi du 9 avril 1898.

Pour permettre aux Chambres de commerce de prendre une part plus large au développement de l'outillage et de la production nationale, la loi a autorisé les Chambres de commerce à se grouper en vue d'objets d'un intérêt collectif.

L'article 18 décide que :

« Les Chambres de commerce peuvent... provoquer par l'entremise de leurs présidents, une entente sur les objets rentrant dans leurs attributions et intéressant à la fois leurs circonscriptions respectives. »

D'autre part, l'article 24 permet aux Chambres de commerce, sous réserve de l'autorisation ministérielle, « de se concerter en vue de créer, de subventionner ou d'entretenir des établissements, services ou travaux d'intérêt commun. Elles peuvent être autorisées à contracter, à cet effet, des emprunts collectifs. »

Les Chambres de commerce tenant de la loi elle-même le droit de constituer des unions en vue de l'étude des questions d'intérêt commun, le groupement des Chambres de commerce par régions ne constitue, par suite, que la mise en pratique d'une disposition légale restée, jusqu'ici, presque sans application.

Il est incontestable qu'il existe sur notre sol, en raison des conditions géographiques naturelles, des régions qui, par elles-mêmes, forment un ensemble à peu près complet.

Un courant très net s'est manifesté depuis quelque temps en France en faveur de la création de régions économiques. Ainsi qu'en font foi les communications adressées de toutes parts à mon Département, nombreux sont ceux qui attendent de l'impulsion donnée à la vie régionale un accroissement d'activité pour notre production et nos échanges.

La division de la France en régions économiques a fait déjà l'objet d'études qui ont été utilisées par mes Services. Le plan de cette division est indiqué dans la note ci-annexée[1], qui expose d'une manière très complète les considérations d'ordre économique ou autres sur lesquelles s'est basée mon Administration pour établir son projet.

Ce projet ne doit pas être considéré, pour l'instant, comme absolument définitif.

Bien que le Département du Commerce ait tenu compte, dans l'étude à laquelle il a procédé, de toutes les considérations économiques qui étaient susceptibles de retenir son attention, il est possible que, dans le détail, la division envisagée appelle quelques retouches.

Dans le cas où il en serait ainsi, je vous serais obligé de m'en aviser et, également, de me faire connaître, sous le timbre de la présente dépêche (Cabinet du Ministre — Conférence économique des Gouvernements alliés), dans un délai de quinzaine :

1° Si votre Chambre de commerce ne voit pas d'inconvénients à se rallier au principe du groupement des Chambres de commerce par régions et à faire usage, en ce qui la concerne, des dispositions ci-dessus rappelées des articles 18 et 24 de la loi du 9 avril 1898 sur les Chambres de commerce, lesquels prévoient le groupement de ces Compagnies en vue d'objets d'un intérêt collectif;

2° Si le projet de groupement par régions des Chambres de commerce, tel qu'il a été établi par mes Services, vous paraît pouvoir être accepté sans modifications.

Au cas où votre Compagnie aurait des objections à présenter, je vous serais obligé de m'indiquer quelles sont ces objections et de les justifier par des considérations de même ordre que celles qui ont servi de base à l'étude de mes Services;

---

[1] La note annexée à la lettre circulaire du Ministre contenait un projet de divisions régionales qui a été sensiblement modifié par la suite.

3° Si votre Chambre de commerce serait disposée à consacrer une part des recettes de son budget à l'entretien des Services qui représenteront la région économique, procéderont aux études des projets et travaux d'intérêt collectif et s'efforceront de provoquer, par tous les moyens en leur pouvoir, le développement de la production et des échanges dans les limites de la région.

Je crois devoir ajouter qu'aussitôt en possession des réponses qui me seront adressées par les Chambres de commerce, j'ai l'intention de me rendre dans chacun des centres qui seront appelés à devenir les chefs-lieux des régions économiques afin d'y exposer moi-même devant les membres des Chambres de commerce de la région, spécialement convoqués à cet effet, les avantages que j'attends de l'organisation projetée.

Cette organisation est, en effet, à la base d'un aménagement nouveau de l'ensemble de nos forces économiques dont la réalisation s'impose avec une urgente nécessité.

CLÉMENTEL.

CONSTITUTION DES GROUPEMENTS

ARRÊTÉ DU 5 AVRIL 1919

relatif à la création des Groupements économiques régionaux [1].

Le Ministre du Commerce et de l'Industrie, des Postes et des Télégraphes, des Transports maritimes et de la Marine marchande,

Vu les articles 18 et 24 de la loi du 19 avril 1898 relative aux Chambres de commerce;

Vu la circulaire ministérielle du 25 août 1917;

Vu les procès-verbaux des différentes réunions des Chambres de commerce intéressées, constatant l'adhésion des compagnies ci-dessous mentionnées,

Arrête :

ARTICLE PREMIER.

Les cent trente-six Chambres de commerce ci-après désignées sont autorisées à constituer les Groupements économiques régionaux suivants :

1° Groupement économique régional de Lille, comprenant les quatorze Chambres de commerce de Dunkerque, Armentières, Tourcoing, Roubaix, Lille, Douai, Valenciennes, Cam-

(1) Texte modifié par les arrêtés des 10 février, 27 mars et 21 mai 1920 (*J. O.* des 12 février, 28 mars et 23 mai 1920).

brai, Avesnes, Boulogne-sur-Mer, Calais, Saint-Omer, Béthune, Arras, avec Lille pour centre;

2° Groupement économique régional d'Amiens, comprenant les six Chambres de commerce d'Abbeville, Amiens, Péronne, Le Tréport, Saint-Quentin, Beauvais, avec Amiens pour centre;

3° Groupement économique régional de Rouen, comprenant les huit Chambres de commerce de Bolbec, Dieppe, Elbeuf, Fécamp, le Havre, Rouen, Évreux, Pont-Audemer, avec Rouen pour centre;

4° Groupement économique régional de Caen, comprenant les six Chambres de commerce de Caen, Honfleur, Cherbourg, Granville, Alençon, Flers, avec Caen pour centre;

5° Groupement économique de Nantes, comprenant les dix Chambres de commerce de Laval, Le Mans, Nantes, Saint-Nazaire, Angers, Cholet, Saumur, Tours, Lorient, La Roche-sur-Yon, avec Nantes pour centre.

En outre, la Chambre de commerce de Lorient est autorisée à adhérer également, en tant que besoin sera pour la sauvegarde de ses intérêts particuliers, au Groupement économique mentionné au paragraphe 6 et qui a pour centre Rennes.

6° Groupement économique régional de Rennes, comprenant les sept Chambres de commerce de Brest, Morlaix, Quimper, Saint-Brieuc, Fougères, Rennes, Saint-Malo et, dans les conditions prévues au paragraphe 5, la Chambre de commerce de Lorient, avec Rennes pour centre;

7° [1] Groupement économique régional de Limoges, comprenant les dix Chambres de commerce de Niort, Poitiers, La Rochelle, Rochefort, Angoulême, Cognac, Limoges, Guéret, Tulle, Périgueux, avec Limoges pour centre.

En outre, les Chambres de commerce de Tulle, Angoulême,

---

(1) Ainsi modifié par l'arrêté du 10 février 1920.

Périgueux et Rochefort sont autorisées à adhérer également, en tant que besoin sera pour la sauvegarde de leurs intérêts particuliers, au Groupement économique mentionné au paragraphe 8 et qui a pour centre Bordeaux ;

8° [1] Groupement économique régional de Bordeaux, comprenant les sept Chambres de commerce de Bordeaux, Libourne, Mont-de-Marsan, Bayonne, Bergerac, Agen, Auch, plus, dans les conditions prévues au paragraphe 7, les Chambres de commerce de Tulle, Angoulême, Périgueux et Rochefort ; dans les conditions prévues au paragraphe 9, les Chambres de commerce de Cahors, Chartres, Mazamet, Montauban et Tarbes ; et enfin, dans les conditions prévues au paragraphe 17, la Chambre de commerce de Clermont-Ferrand. Le centre du Groupement est à Bordeaux.

En outre, les Chambres de commerce d'Auch et d'Agen sont autorisées à adhérer également, en tant que besoin sera pour la sauvegarde de leurs intérêts particuliers, au Groupement économique mentionné au paragraphe 9 et qui a pour centre Toulouse ;

9° [1] Groupement économique régional de Toulouse, comprenant les dix Chambres de commerce de Cahors, Montauban, Albi, Castres, Mazamet, Tarbes, Toulouse, Foix, Rodez, Perpignan, plus, dans les conditions prévues au paragraphe 8, les Chambres de commerce d'Auch et d'Agen, et, dans les conditions prévues au paragraphe 10, les Chambres de commerce de Cette, Carcassonne et Narbonne, avec Toulouse pour centre.

En outre, les Chambres de commerce de Perpignan, Cahors, Castres, Mazamet, Montauban et Tarbes sont autorisées à adhérer également, en tant que besoin sera pour la sauvegarde de leurs intérêts particuliers, la première au Groupement économique mentionné au paragraphe 10 et qui a Montpellier pour

---

[1] Ainsi modifié par l'arrêté du 10 février 1920.

centre, les autres au Groupement économique mentionné au paragraphe 8 et qui a Bordeaux pour centre.

10° [1] Groupement économique régional de Montpellier, comprenant les sept Chambres de commerce de Béziers, Cette, Montpellier, Carcassonne, Narbonne, Millau, Mende, et, dans les conditions prévues au paragraphe 9, la Chambre de commerce de Perpignan, avec Montpellier pour centre.

En outre, les Chambres de commerce de Cette, Carcassonne et Narbonne sont autorisées à adhérer également, en tant que besoin sera pour la sauvegarde de leurs intérêts particuliers, au Groupement économique mentionné au paragraphe 9 et qui aura pour centre Toulouse.

11° Groupement économique régional de Marseille, comprenant les dix Chambres de commerce d'Alais, Nîmes, Avignon, Marseille, Arles, Digne, Gap, Toulon, Ajaccio, Bastia, avec Marseille pour centre.

Les Chambres de commerce d'Ajaccio et de Bastia forment une sous-région, dont le centre sera Bastia. En outre, les Chambres de commerce de Digne et de Gap sont autorisées à adhérer également, en tant que besoin sera pour la défense de leurs intérêts particuliers, au Groupement économique mentionné au paragraphe 12 et qui aura pour centre Grenoble.

12 [2] Groupement économique régional de Grenoble, comprenant les quatre Chambres de commerce d'Annecy, Chambéry, Grenoble et Nice, plus, dans les conditions prévues au paragraphe 11, les Chambres de commerce de Digne et de Gap et, dans les conditions prévues au paragraphe 13, la Chambre de commerce de Vienne, avec Grenoble pour centre.

13° Groupement économique régional de Lyon, comprenant les onze Chambres de commerce de Mâcon, Bourg, Lyon, Tarare, Villefranche, Roanne, Le Puy, Vienne, Annonay, Aubenas, Valence, avec Lyon pour centre.

---

[1] Ainsi modifié par l'arrêté du 10 février 1920.

[2] Ainsi modifié par l'arrêté du 21 mai 1920.

En outre, la Chambre de commerce du Puy et la Chambre de commerce de Vienne sont également autorisées à adhérer, en tant que besoin sera pour la sauvegarde de leurs intérêts particuliers, la première au Groupement économique mentionné au paragraphe 17 et qui a pour centre Clermont-Ferrand, la deuxième au Groupement économique mentionné au paragraphe 12 et qui a pour centre Grenoble.

14° Groupement économique régional de Nancy, comprenant les onze Chambres de commerce de Charleville, Sedan, Châlons-sur-Marne, Reims, Troyes, Bar-le-Duc, Saint-Dizier, Nancy, Épinal, Saint-Dié, Lure, avec Nancy pour centre.

15° Groupement économique régional de Paris, comprenant uniquement la Chambre de commerce de Paris.

16° [1] Groupement économique de la Région parisienne, comprenant les huit Chambres de commerce de : Auxerre, Blois, Chartres, Corbeil, Meaux, Melun, Orléans et Sens. Le siège de ce Groupement sera à Paris. Pour les études techniques et l'exploitation des œuvres d'intérêt public, la Région parisienne est divisée en deux sous-régions : la sous-région du bassin de la Seine, comprenant les six Chambres de commerce d'Auxerre, Chartres, Corbeil, Meaux, Melun et Sens, avec Paris pour centre et la sous-région du bassin de la Loire comprenant les deux Chambres de commerce de Blois et d'Orléans, avec cette dernière ville pour centre.

Les Chambres de commerce d'Orléans et de Blois sont autorisées à adhérer également, en tant que besoin sera pour la sauvegarde de leurs intérêts particuliers, au Groupement économique régional mentionné au paragraphe 5 et qui a Nantes pour centre.

17° [2] Groupement économique régional de Clermont-Ferrand,

---

[1] Ainsi modifié par l'arrêté du 27 mars 1920.

[2] Ainsi modifié par l'arrêté du 10 février 1920.

comprenant les sept Chambres de commerce de Montluçon, Moulins, Ambert, Clermont-Ferrand, Riom, Thiers, Aurillac et, dans les conditions prévues au paragraphe 13, la Chambre de commerce du Puy, avec Clermont-Ferrand pour centre.

En outre, la Chambre de commerce de Clermont-Ferrand est autorisee à adhérer également, en tant que besoin sera pour la sauvegarde de ses intérêts particuliers, au Groupement économique mentionné au paragraphe 8 et qui a Bordeaux pour centre.

ART. 2.

Un arrêté déterminera ultérieurement les conditions de fonctionnement des Groupements économiques régionaux constitués par les Chambres de commerce.

ART. 3.

Des arrêtés ultérieurs fixeront la composition des Groupements non mentionnés au présent arrêté.

Paris, le 5 Avril 1919.

CLÉMENTEL.

ARRÊTÉ DU 15 OCTOBRE 1920

constituant le Groupement économique régional de Dijon (1).

Le Ministre du Commerce et de l'Industrie,

Vu les articles 18 et 24 de la loi du 9 avril 1898 relative aux Chambres de commerce ;

Vu la circulaire ministérielle du 25 août 1917 ;

Vu le procès-verbal de la réunion des différentes Chambres de commerce intéressées, en date du 27 juillet 1920, constatant l'adhésion de ces compagnies ;

Sur le rapport du Directeur des Affaires commerciales et industrielles,

Arrête :

ARTICLE UNIQUE.

Les cinq Chambres de commerce de Beaune, Chalon-sur-Saône, Dijon, Gray et Lons-le-Saunier sont autorisées à constituer un Groupement économique régional avec Dijon pour centre.

Paris, le 15 octobre 1920.

Aug. ISAAC.

---

(1) *Journal officiel* du 19 octobre 1920.

ARRÊTÉ DU 10 NOVEMBRE 1920

autorisant des Chambres de commerce à adhérer à des Groupements économiques régionaux (1).

Le Ministre du Commerce et de l'Industrie,

Vu les articles 18 et 24 de la loi du 9 avril 1898 relative aux Chambres de commerce;

Vu la circulaire ministérielle du 25 août 1917;

Vu l'arrêté du Ministre du Commerce et de l'Industrie du 5 avril 1919 constituant des Groupements économiques régionaux;

Vu l'arrêté du Ministre du Commerce et de l'Industrie du 12 avril 1919, modifié par les arrêtés des 18 août 1919 et 21 juin 1920, relatif à l'organisation et au fonctionnement des Groupements économiques régionaux;

Vu les demandes des Chambres de commerce de Brive, de Brioude et du Tréport;

Sur le rapport du Directeur des Affaires commerciales et industrielles,

Arrête :

ARTICLE PREMIER.

La Chambre de commerce de Brive, créée par décret du 21 novembre 1919, est autorisée à adhérer au Groupement économique régional de Bordeaux.

---

(1) *Journal officiel* du 14 novembre 1920.

En outre, cette Compagnie est autorisée à adhérer également, en tant que besoin sera pour la sauvegarde de ses intérêts particuliers, au Groupement économique régional de Limoges.

ARTICLE 2.

La Chambre de commerce de Brioude, créée par décret du 25 février 1920, est autorisée à adhérer au Groupement économique régional de Clermont-Ferrand.

ARTICLE 3.

La Chambre de commerce du Tréport, comprise dans le Groupement économique régional d'Amiens, est autorisée à adhérer également, en tant que besoin sera pour la sauvegarde de ses intérêts particuliers, au Groupement économique régional de Rouen.

Paris, le 10 novembre 1920.

Aug. ISAAC.

ORGANISATION ET FONCTIONNEMENT
DES GROUPEMENTS.

ARRÊTÉ DU 12 AVRIL 1919

relatif à l'organisation et au fonctionnement des Groupements économiques régionaux [1].

Le Ministre du Commerce et de l'Industrie, des Postes et des Télégraphes, des Transports maritimes et de la Marine marchande,

Vu la loi du 9 avril 1898 relative aux Chambres de commerce ;

Vu la circulaire ministérielle du 25 août 1917 ;

Vu l'arrêté du Ministre du Commerce et de l'Industrie en date du 5 avril 1919, constituant des Groupements économiques régionaux de Chambres de commerce ;

Vu l'arrêté du Ministre du Commerce et de l'Industrie en date du 6 avril 1919, transférant aux Groupements régionaux de Chambres de commerce les comités consultatifs d'action écono-

(1) Texte modifié par les arrêtés des 18 août 1919 et 21 juin 1920. (Cf. *J. O.* des 18 avril, 23 août 1919 et 23 juin 1920).

mique précédemment institués dans chaque région de corps d'armée,

Arrête :

TITRE Ier.

ORGANISATION DU GROUPEMENT RÉGIONAL.

ARTICLE PREMIER.

Le Groupement régional constitué par application des dispositions de l'article 18 de la loi du 9 avril 1898 sur les Chambres de commerce est composé des Chambres de commerce désignées par l'arrêté de constitution. Il a pour centre la chambre de commerce déterminée par ledit arrêté.

Les réunions du Groupement régional peuvent se tenir occasionnellement, si le comité régional prévu à l'article 2 le décide, dans une chambre autre que celle désignée comme centre de groupement.

Art. 2.

Le Groupement régional est administré par un Comité régional composé comme suit :

1° Chacune des Chambres de commerce adhérentes est représentée par son président et par un membre de la Chambre de commerce, désigné en séance régulière ;

2° Toute Chambre de commerce dont la circonscription comprend plus de 10,000 contribuables inscrits à la cédule de l'impôt sur les bénéfices industriels et commerciaux déléguera, en dehors de son président et du membre désigné par elle, autant de mandataires qu'elle compte de fois 10,000 contribuables dans sa circonscription. Toute fraction en plus d'une dizaine de mille donnera droit à un mandataire si elle dépasse le chiffre de 5,000. Les mandataires seront choisis parmi les membres élus des Chambres de commerce.

Les membres du Comité sont élus pour six ans, le renouvellement ayant lieu par tiers tous les deux ans.

Pour la première période de six ans, les membres à réélire au bout de deux et quatre ans seront désignés par le sort et leur mandat durera six ans. Les membres sortants sont rééligibles.

Des nominations partielles auront lieu en cas de décès, de démission, ou lorsqu'un membre du Comité régional n'aura pas été réélu membre de sa compagnie. Les nouveaux membres du Comité régional ainsi désignés prendront la suite de leurs prédécesseurs.

ART. 3.

Le Comité régional nomme parmi ses membres un président, un ou deux vice-présidents, un secrétaire-trésorier ou un secrétaire et un trésorier. Les nominations sont faites à la majorité absolue.

Les membres du bureau sont élus pour un an et rééligibles. En cas de vacances, le bureau doit se compléter.

Les préfets ou leurs représentants et les sous-préfets des départements compris dans la région constituant le Groupement ont entrée au Comité régional et ils y ont voix consultative.

Le Comité régional nomme un secrétaire général de la région économique. Cette nomination est soumise à l'homologation du Ministre du Commerce, qui remet à ce secrétaire général une lettre de service l'accréditant auprès des diverses administrations publiques.

Un inspecteur spécial des régions économiques, désigné par le Ministre, aura pour mission d'assurer la coordination des efforts et la liaison permanente entre l'Administration centrale et les Groupements régionaux.

Il aura entrée avec voix consultative aux séances des Comités régionaux.

ART. 4.

La compétence du Comité régional ne s'étend qu'aux questions intéressant au moins les circonscriptions de deux des Chambres de commerce agrégées au Groupement.

Les décisions du Comité et du bureau sont prises à la majorité des voix. En cas de partage, le président a voix prépondérante.

Cependant une Chambre de commerce peut toujours, en ce qui la concerne, refuser de s'associer à une décision du Comité. Ce refus ne peut, d'ailleurs, faire échec à la décision de la majorité que dans les limites de la circonscription de la Chambre de commerce intéressée, ladite décision restant exécutoire pour le reste du territoire de la région.

ART. 5.

Le Comité régional se réunit au moins tous les trois mois et, en outre, chaque fois qu'il sera convoqué par le Ministre ou par son Président. Celui-ci devra réunir le Comité toutes les fois qu'il sera saisi d'une demande émanant du tiers de ses membres.

Dans l'intervalle des sessions ordinaires, le Comité régional sera représenté par une Commission permanente composée du bureau et, si le Comité le juge nécessaire, d'un certain nombre de membres adjoints au bureau.

ART. 6.

Toute Chambre de commerce adhérente à un Groupement régional peut, en tant qu'elle le juge utile à la sauvegarde de ses intérêts économiques, adhérer également à un autre Groupement régional limitrophe ou voisin.

Il peut être constitué autour des ports maritimes, outre la région proprement dite du port dont il est le centre, une zone plus étendue, dite « zone d'influence du port ». Une même Chambre de commerce peut adhérer à la fois à une région économique particulière et à la « zone d'influence » d'un port intéressant sa circonscription au point de vue des importations ou des exportations.

TITRE II.

ATTRIBUTIONS DU GROUPEMENT RÉGIONAL.

ART. 7.

Les Groupements régionaux peuvent être autorisés à fonder et à administrer, outre les établissements visés dans l'énumération énonciative de l'article 14 de la loi du 9 avril 1898, tous établissements, organismes ou institutions qui, par leur objet, sont susceptibles de faciliter ou de développer le commerce ou l'industrie de la région économique.

Les capitaux nécessaires à la création et au fonctionnement des services susvisés peuvent provenir, soit de fonds publics, soit de ressources privées, soit d'emprunts contractés dans les conditions fixées par l'article 22 de la loi du 9 avril 1898 sur les Chambres de commerce.

Les établissements créés par les Groupements régionaux sont la propriété de ces Groupements s'ils ont été fondés avec des capitaux disponibles appartenant en propre auxdits Groupements ou s'ils proviennent de fonds d'emprunts. Mais ils demeurent la propriété de l'État, du département ou de la commune, s'ils ont été créés par une de ces personnes morales. Néanmoins, l'administration de ces établissements peut toujours être déléguée au Comité régional.

Les Groupements régionaux sont habiles à recevoir la pleine propriété des établissements créés avec des ressources privées. L'acceptation a lieu dans les formes prévues en matière de dons et legs aux établissements publics.

ART. 8.

Les Groupements régionaux peuvent, dans les formes prescrites par la loi du 27 juillet 1870, être déclarés concessionnaires de travaux publics ou chargés de tous services ayant un caractère d'intérêt public.

La concession peut se rapporter, non seulement à des travaux entrepris par l'État, mais aussi à ceux qui sont à la charge des départements, des communes ou des associations syndicales.

TITRE III.

ADMINISTRATION FINANCIÈRE.

ART. 9.

Les Chambres de commerce adhérentes à un Groupement régional sont autorisées, par voie d'approbation budgétaire ou par décision du Ministre du Commerce, à prévoir à leur budget annuel un crédit spécial représentant leur part contributive aux dépenses d'ordre matériel nécessitées par l'organisation et le fonctionnement du Comité régional. Cette part contributive est couverte, soit au moyen des disponibilités du budget ou du fonds de réserve, soit à l'aide de l'imposition.

ART. 10.

(*Ainsi modifié : arrêté du 18 août 1919.*)

Dans les trois premiers mois de chaque année, le Comité régional fixe, par voie budgétaire, la somme nécessaire au fonctionnement du Groupement pour l'année suivante.

Dans le même délai, il présente directement au Ministre du Commerce le compte des recettes et des dépenses de l'exercice précédent ainsi que le projet de budget de l'année suivante.

Le projet de budget présenté détermine la contribution à demander par le Groupement à chaque Chambre de commerce adhérente. Les parts contributives de ces compagnies sont fixées au prorata du montant total des patentes, comprenant le principal fictif et les centimes additionnels pour frais de Chambres de commerce de leurs circonscriptions respectives, après avoir déduit de la somme totale nécessaire au fonctionnement du Groupement les ressources propres de celui-ci (intérêts des fonds placés, arrérages de dons ou legs, reliquat de l'exercice précédent, prélèvement sur le fonds de réserve, etc.) et le montant des subventions qui peuvent lui être accordées.

Toutefois, lorsqu'une Chambre de commerce a décidé, conformément à l'article 6, d'adhérer à deux Groupements régionaux, ou à un Groupement régional et à la zone d'influence d'un port, elle ne contribue au budget de chacun des deux Groupements qu'au prorata d'une partie seulement du montant total de ses patentes.

Elle détermine alors et fait connaître aux deux Groupements auxquels elle a adhéré la partie du montant total de ses patentes qu'elle affecte à chacun d'eux pour servir de base à la fixation de chacune de ses parts contributives.

Un état certifié par le président du Groupement régional et indiquant par Chambre de commerce adhérente le montant de ses patentes (principal fictif et centimes additionnels) et la répartition effectuée entre les diverses Chambres de la somme nécessaire pour faire face aux frais généraux du Comité est produit à l'appui du budget présenté.

Pour les Chambres rattachées à deux Groupements, l'état ne fera figurer le montant total de leurs patentes qu'à titre d'indication. Dans le tableau de répartition des contributions, ces Chambres ne seront portées que pour la part du montant total des patentes qu'elles ont affectée au Groupement qui fournit l'état.

Dès réception du budget approuvé par le Ministre, le président du Comité régional notifie aux Chambres de commerce adhérentes le montant de leur contribution qui figurera sur leur projet de budget respectif.

ART. 11.

Toutes les règles générales concernant l'administration financière des Chambres de commerce, règles exposées dans les différentes circulaires ou instructions adressées à ces Compagnies, en exécution de la loi du 9 avril 1898, et notamment dans la circulaire ministérielle du 30 juin 1904, sont applicables au Comité régional, sous réserve, toutefois, des modifications résultant des dispositions du présent arrêté (présentation des comptes et budgets dans les trois premiers mois de l'année; transmission directe de ces pièces comptables et des pièces justificatives au Ministre).

ART. 12.

Le Comité régional nommera dans son sein une Commission spéciale des finances ou des comptes. La composition, le rôle et les attributions de cette Commission sont déterminés par la circulaire du 30 juin 1904.

ART. 13.

Le Comité régional présente des comptes et projets de budgets spéciaux pour les divers services qu'il est autorisé à créer et à administrer.

Ces services ne devant pas, en principe, être alimentés par les Chambres de commerce adhérentes, leurs comptes et projets de budgets sont présentés à l'approbation du Ministre dans les six premiers mois de chaque année.

Les règles générales visées à l'article 12 du présent arrêté et celles posées par la circulaire du 20 août 1912, en ce qui concerne les services des ports administrés par les Chambres de commerce, sont applicables au Comité régional.

Paris, le 12 avril 1919.

CLÉMENTEL.

INSTRUCTION

pour l'application de l'arrêté du 12 avril 1919, relatif à l'organisation et au fonctionnement des Groupements régionaux des Chambres de commerce [1].

I

ORGANISATION DU GROUPEMENT RÉGIONAL.

Le Groupement régional constitué par application de l'article 18 de la loi du 9 avril 1898 est composé des Chambres de commerce désignées par l'arrêté de constitution. Il a pour centre la Chambre de commerce qui est déterminée par cet arrêté. Il peut tenir ses réunions soit dans cette Chambre, soit, si le comité régional prévu à l'article 2 en décide ainsi, dans une autre Chambre du Groupement.

Le Groupement est administré par un comité régional composé comme suit :

1° Chacune des Chambres adhérentes est représentée par son président. Le président peut être remplacé par un membre de la Chambre de commerce désigné en séance régulière.

2° Toute Chambre dont la circonscription comprend plus de 10,000 contribuables inscrits à la cédule des bénéfices industriels et commerciaux déléguera, en dehors de son président ou du représentant ci-dessus visé, autant de mandataires qu'elle compte de fois 10,000 contribuables. Toute fraction en plus d'une dizaine de mille sera comptée également si elle dépasse 5,000.

---

(1) Cf. *J. O.*, du 18 avril 1919.

Les mandataires seront choisis parmi les membres élus des Chambres de commerce.

Les membres du comité régional sont élus pour six ans, le renouvellement ayant lieu par tiers tous les deux ans.

Pour la première période de six ans, les membres à réélire au bout de deux et quatre ans seront désignés par le sort et leur mandat durera six ans. Les membres sortants sont rééligibles.

Des nominations partielles auront lieu en cas de décès, de démission ou lorsqu'un membre du comité régional n'aura pas été réélu membre de sa Compagnie.

Les nouveaux membres du comité régional ainsi désignés prendront la suite de leurs prédécesseurs.

Le comité régional nomme parmi ses membres un président, un ou deux vice-présidents, un secrétaire-trésorier ou un secrétaire et un trésorier.

Les préfets ou leur représentant et sous-préfets des départements et arrondissements intéressés auront entrée au comité régional et ils auront « voix consultative », dans les conditions prévues, pour les Chambres de commerce, par l'article 8 de la loi du 9 avril 1898.

Le comité régional nomme un secrétaire général de la région économique; cette nomination est soumise à l'homologation du Ministre du Commerce, qui remet à ce secrétaire général une lettre de service l'accréditant auprès des diverses administrations publiques.

Un inspecteur spécial des régions économiques, désigné par le Ministre, aura pour mission d'assurer la coordination des efforts et la liaison permanente entre l'Administration centrale et les Groupements régionaux.

La compétence du comité régional ne s'étend qu'aux questions intéressant au moins les circonscriptions de deux des Chambres de commerce agrégées au Groupement.

Les décisions du comité sont prises à la majorité des voix. Cependant une Chambre de commerce peut toujours, en ce qui la concerne, refuser de s'associer à une décision du comité. Ce refus ne peut, d'ailleurs, faire échec à la décision de la majorité que dans les limites de la circonscription de la Chambre interessée. Ladite décision reste exécutoire pour le reste du territoire de la région.

Le comité régional se réunit au moins tous les trois mois et, en outre, chaque fois qu'il sera convoqué par le Ministre ou par son président. Celui-ci devra convoquer le comité chaque fois qu'il sera saisi d'une demande émanant du tiers des membres.

Dans l'intervalle des sessions ordinaires, le comité régional sera représenté par une commission permanente composée du bureau et, si le comité le juge nécessaire, d'un certain nombre de membres adjoints au bureau.

Toute Chambre de commerce adhérente à un Groupement régional peut, en tant qu'elle le juge utile pour la sauvegarde de ses intérêts économiques, adhérer également à un Groupement régional limitrophe ou voisin.

De même, autour des ports maritimes, il peut être constitué, outre la région proprement dite dont le port est le centre, une zone plus étendue dite « zone d'influence » du port. En ce cas, une même Chambre peut adhérer à la fois à une région économique particulière et à la zone d'influence du port qui intéresse sa circonscription au point de vue des importations ou des exportations.

Dans les deux cas susvisés, la Chambre détermine quelle doit être, dans le total des crédits affectés par elle à l'organisation régionale, la part à allouer à chacun des groupements auxquels elle se rattache [1].

II.

ATTRIBUTIONS DU GROUPEMENT RÉGIONAL.

En conformité de l'article 14 de la loi du 9 avril 1898, le Groupement régional, de même que les Chambres de commerce

[1] Le texte en italique se rapporte au paragraphe 3 de l'article 6 de l'arrêté du 12 avril 1919 qui a été supprimé par l'arrêté du 18 août 1919.

qui en font partie, peut être autorisé à fonder et à administrer des établissements à l'usage du commerce.

L'énumération de ces établissements donnée par l'article 14 susvisé doit être considérée comme énonciative et non limitative.

Par suite, indépendamment des établissements énumérés par la loi de 1898 (magasins généraux, salles de ventes publiques, entrepôts, bancs d'épreuve pour les armes, bureaux de conditionnement et de titrage, expositions permanentes et musées commerciaux, écoles de commerce, écoles professionnelles, cours pour la propagation des connaissances commerciales et industrielles), le Groupement régional peut être autorisé à fonder des offices de renseignements en matière de transports par eau et par voie ferrée, des offices régionaux de l'énergie, des offices de renseignements commerciaux, de statistique, d'expansion économique, des agences commerciales à l'étranger, des bibliothèques ou revues régionales, ainsi que tous organismes ou institutions qui, par leur objet, sont susceptibles de faciliter ou de développer le commerce ou l'industrie de la région économique.

Il appartient aux Groupements régionaux de provoquer en tant que de besoin, la création de ces services ou établissements. Les initiatives à prendre à cet égard sont différentes suivant les régions et leur intérêt peut — dans nombre de cas — ne se révéler qu'au fur et à mesure de l'évolution économique de la région. Les sommes indispensables aux travaux à entreprendre ou au fonctionnement des services ou établissements qui viendront à être créés seront nécessairement d'origines diverses; elles pourront provenir soit de fonds publics, soit de ressources privées, soit surtout d'emprunts contractés dans les conditions usitées, notamment, par les Chambres de commerce des ports maritimes.

Il n'y a, d'ailleurs, pas lieu, en l'espèce, de se référer à une règle qui ne laisserait place à l'action du Groupement qu'en cas d'abstention de l'initiative privée. Même au cas où cette initiative est en mesure de se produire, celle du Groupement des Chambres de commerce ne doit pas être écartée. Elle doit, au contraire, être encouragée comme étant plus avantageuse pour le public, puisque, en définitive, la gestion des Chambres de commerce ou du Groupement qui est leur organe officiel peut être considérée comme étant de nature à procurer, non seulement l'avantage du bon marché, mais encore toutes les garanties qui s'attachent au fonctionnement de services qui n'ont d'autre but que de défendre au mieux l'intérêt général.

Les établissements créés par les Groupements régionaux sont la propriété de ces Groupements s'ils ont été fondés avec des capitaux disponibles appartenant en propre auxdits Groupements ou aux Chambres de commerce qui les constituent ou provenant du produit d'un emprunt. Mais ils demeurent la propriété de l'État, du département ou de la commune s'ils ont été créés par une de ces personnes morales. Néanmoins, conformément aux dispositions de l'article 14, l'administration de ces établissements peut toujours être déléguée au comité régional.

Bien que la loi de 1898 ne parle que de la « remise » faite aux Chambres de commerce de l'administration des établissements fondés par l'initiative privée, cette expression ne fait évidemment pas obstacle à un dessaisissement absolu de la part des fondateurs en faveur des Chambres de commerce et, par conséquent, du Groupement qui représente un certain nombre d'entre elles. Ce Groupement a capacité pour recevoir la pleine propriété des établissements créés avec des ressources privées. L'acceptation a lieu dans les formes suivies en matière de dons et legs aux établissements publics.

D'après l'article 15 de la loi du 9 avril 1898, les Chambres de commerce peuvent devenir concessionnaires de travaux publics ou être chargées de services publics. On peut donc admettre qu'un Groupement de ces compagnies peut le devenir aussi. Ici encore la loi n'est nullement limitative et englobe l'exécution de tout service ayant un caractère d'intérêt public.

Elle confond dans une même formule deux régimes fort différents, celui des concessions et celui des autorisations.

La concession implique l'idée de monopole, d'occupation privative du domaine public.

L'autorisation, elle, ne présente aucun caractère exclusif, ne confère aucun droit susceptible d'être transmis, ni aucune espèce de monopole.

La loi du 27 juillet 1870, à laquelle se réfère l'article 15 de la loi de 1898, prévoit deux catégories de travaux publics : ceux qu'elle qualifie de « grands travaux », dont l'utilité publique ne peut être déclarée que par une loi, et « tous autres travaux de moindre importance », dont la déclaration d'utilité publique résulte d'un décret rendu en la forme des règlements d'administration publique.

La concession peut se rapporter, non seulement à des travaux entrepris par l'État, mais aussi à ceux qui sont à la charge des départements et des communes. Elle pourrait enfin, semble t-il, concerner des travaux entrepris par des associations syndicales.

C'est ainsi qu'un Groupement régional des Chambres de commerce pourrait recevoir la concession de terrains domaniaux (situés, par exemple, près des quais d'un port), à charge d'en tirer parti au mieux des intérêts du commerce.

L'intervention des Chambres de commerce, en matière de travaux publics, ne s'est pas jusqu'ici présentée sous la forme d'une exécution directe. Mais rien ne s'oppose, en l'état actuel de la législation, à ce qu'une Chambre de commerce soit chargée de l'exécution de l'entreprise de l'espèce, étant données les dispositions très nettes établies, à cet égard, par l'article 15 de la loi du 9 avril 1898.

Les concessions de services publics dont la gestion peut être confiée aux Groupements régionaux des Chambres de commerce peuvent s'entendre de tous les services créés dans l'intérêt du commerce et de l'industrie. Ici encore, on ne saurait en faire une énumération limitative. On peut citer, dans cet ordre d'idées, les services d'outillage des ports, les services de sauvetage, de remorquage, d'incendie, de police des ports, les formes de radoub et les slipways, les services de traction électrique ou autre sur les canaux, les poids publics, les courriers automobiles. On pourrait admettre aussi pour un Groupement la concession de forces hydrauliques sur une rivière en vue de la création d'offices d'énergie, chargés de distribuer la force et la lumière.

III.

ADMINISTRATION FINANCIÈRE.

En vertu de l'article 24 de la loi du 9 avril 1898, le Ministre du commerce peut autoriser les Chambres de commerce adhérentes au Groupement régional à prélever sur les contribuables désignés par la loi pour subvenir à leurs frais de fonctionnement les centimes additionnels nécessaires pour couvrir leur part contributive aux dépenses d'ordre matériel que nécessitera l'organisation de la région, telles que : traitements du personnel, location de locaux, achat d'immeubles, de matériel, achat de livres, abonnements aux publications périodiques, etc.

Les fonds provenant de cette imposition devront toujours être obligatoirement affectés aux dépenses du comité.

La part contributive des Chambres de commerce aux frais de fonctionnement du comité peut aussi être couverte au moyen des dispositions de leur budget ou de leur fonds de réserve. L'autorisation est donnée par décision du Ministre.

Dans les trois premiers mois de chaque année, le comité régional fixera, par voie budgétaire, la somme nécessaire au fonctionnement du Groupement pour l'année suivante.

Dans le même délai, c'est-à-dire dans les trois premiers mois de l'année, il présentera directement à l'approbation du Ministre du commerce le compte des recettes et des dépenses de l'exercice précédent, ainsi que le projet de budget de l'année suivante.

Ce projet de budget déterminera la contribution à demander par le Groupement à chaque Chambre de commerce adhérente. Les parts contributives de ces compagnies sont fixées au prorata du nombre de contribuables de leurs circonscriptions respectives assujettis à l'imposition pour frais de chambre de commerce, après avoir déduit de la somme totale nécessaire au fonctionnement du Groupement les ressources propres de celui-ci (intérêts des fonds placés, arrérages de dons ou legs, reliquat de l'exercice précédent, prélèvement sur le fonds de réserve, etc.) et le montant des subventions qui peuvent lui être accordées.

Pour établir le projet de répartition de ses frais entre les Chambres de commerce adhérentes, le comité devra donc demander aux Directeurs des Contributions directes des départements dont relèvent les Chambres le nombre des contribuables assujettis à l'imposition pour frais de Chambre de commerce.

Ces renseignements seront réunis dans un état certifié par le président du comité et qui sera obligatoirement produit à l'appui du projet de budget présenté.

Cet état indiquera la répartition effectuée entre les diverses Chambres du Groupement de la somme proposée pour faire face aux frais généraux du comité [1].

Dès réception du budget approuvé par le Ministre, le président du comité régional notifiera aux Chambres de commerce adhérentes le montant de leur contribution, qui figurera sur leurs projets de budgets respectifs.

Il est absolument indispensable que les comptes et budgets du comité régional soient présentés au contrôle et à l'approbation ministérielle dans le délai ci-dessus imparti, de façon que le président du comité puisse notifier aux Chambres de commerce du Groupement, au plus tard avant l'expiration du quatrième mois, le montant de la part contributive mise à leur charge,

---

[1] Le texte en italique se rapporte à l'article 10 de l'arrêté du 12 avril 1919, qui a été modifié par l'arrêté du 18 août 1919.

puisqu'en effet ces compagnies doivent, aux termes de l'article 26 de la loi de 1898, présenter, dans les six premiers mois de l'année, à l'approbation du Ministre, le compte de l'exercice précédent ainsi que le projet de budget relatif à l'année suivante.

L'attention des comités est appelée d'une façon toute spéciale sur la nécessité de se conformer strictement à cette prescription. Son inobservation aurait en effet pour conséquence inévitable de retarder l'émission des décrets ayant pour objet d'autoriser la mise en recouvrement des impositions demandées par les Chambres de commerce.

Toutes les règles générales concernant l'administration financière des Chambres de commerce, règles qui sont exposées dans les différentes circulaires ministérielles prises en exécution de la loi du 9 avril 1898 et, notamment, dans la circulaire du 30 juin 1904 qui rappelle, en les complétant et en les modifiant sur certains points, les principales dispositions des diverses circulaires antérieures, sont applicables au comité régional, sous réserve, toutefois, des modifications qui résultent des dispositions de l'arrêté du 12 avril 1919.

Les comptes et budgets des comités régionaux doivent être présentés dans les trois premiers mois de chaque année, alors que les comptes et budgets des Chambres de commerce le sont dans les six premiers mois.

Ils sont transmis directement au Ministre, alors que les comptes et budgets des Chambres de commerce lui sont adressés par l'intermédiaire des préfets.

Cette transmission directe entraîne, par voie de conséquence, la transmission au Ministre de toutes les pièces justificatives des dépenses, qui doivent lui être adressées sous bordereau établi dans la forme du modèle annexé à la circulaire du 30 juin 1904.

Les comptes et budgets seront établis dans la forme du modèle en usage pour le service ordinaire des Chambres de commerce.

Le premier article des recettes mentionnera le reliquat de l'exercice précédent; les recettes et dépenses annuelles seront divisées, comme pour les comptes et budgets de ces compagnies, en trois chapitres (ordinaires, extraordinaires, fonds de réserve).

Ils comporteront un tableau de récapitulation. Les recettes et les dépenses totales prévues au budget et inscrites à ce tableau devront se balancer exactement. En effet, les parts contributives à demander aux Chambres de commerce du Groupement étant, en principe, couvertes au moyen de l'imposition, doivent être calculées de façon à couvrir exactement les frais de fonctionnement du comité régional, déduction faite des ressources provenant de subventions autres que celles qui lui sont attribuées par les Chambres de commerce (subventions départementales, municipales, de groupements commerciaux et industriels, etc.) et du reliquat de l'exercice précédent.

Le comité régional devra nommer une commission spéciale des finances ou des comptes dans les conditions fixées pour les Chambres de commerce par la circulaire du 30 juin 1904. La composition, le rôle et les attributions de cette commission sont déterminés par ladite circulaire.

Les comptes et budgets seront accompagnés de toutes pièces justificatives et documents prévus par la circulaire susvisée et, notamment, d'un extrait certifié conforme du procès-verbal de la séance du comité dans laquelle les comptes et budgets auront été arrêtés.

Le comité régional présentera des comptes et budgets spéciaux pour les divers services qu'il serait autorisé à créer et à administrer. Ces services ne devant pas, en principe, être alimentés par les Chambres de commerce adhérentes, leurs comptes et projets de budgets pourront être présentés dans les six premiers mois de chaque année.

Ici encore, toutes les règles posées par la circulaire du 30 juin 1904, modifiée par la circulaire plus récente du 20 août 1912, en ce qui concerne les services des ports, sont applicables au comité régional.

Paris, le 12 avril 1919.

Le Ministre du Commerce, de l'Industrie,
des Postes et des Télégraphes,
des Transports maritimes
et de la Marine marchande,

CLÉMENTEL.

INSTRUCTION

modifiant l'Instruction ministérielle du 12 avril 1919, relative à l'application de l'arrêté de même date concernant l'organisation et le fonctionnement des Groupements économiques régionaux de Chambres de commerce (1).

L'article 2 de l'arrêté ministériel du 12 avril 1919 relatif à l'organisation et au fonctionnement des Groupements économiques régionaux, ainsi que l'Instruction de même date concernant l'application dudit arrêté, disposent que « le Groupement régional est administré par un Comité régional composé comme suit :

« 1° Chacune des Chambres de commerce adhérentes est représentée par son Président. Le Président peut être remplacé par un membre de la Chambre de commerce désigné en séance régulière ;

« 2° Toute Chambre de commerce dont la circonscription comprend plus de 10.000 contribuables inscrits à la cédule de l'impôt sur les bénéfices industriels et commerciaux déléguera, en dehors de son Président, autant de mandataires qu'elle compte de fois 10.000 contribuables dans sa circonscription. Toute fraction en plus d'une dizaine de mille donnera droit à un mandataire si elle dépasse le chiffre de 5.000. Les mandataires seront choisis parmi les membres élus des Chambres de commerce. »

L'expérience a démontré que cette disposition ne donne droit, dans la grande majorité des Chambres de commerce, qu'à un

(1) Cf. *Journal officiel* du 23 juin 1920.

seul et unique représentant, le Président, et qu'il résulte de ce fait que le nombre total des membres des Comités régionaux est tout à fait insuffisant pour leur assurer un fonctionnement normal et leur donner toute l'autorité nécessaire.

Pour remédier à ces inconvénients, j'ai décidé que chaque Chambre de commerce serait représentée au Comité régional par son Président et par un de ses membres, les Compagnies dont la circonscription comprend plus de 10.000 contribuables devant déléguer, en plus de ces deux représentants, autant de mandataires qu'elles comprennent de fois 10.000 contribuables.

Cette mesure a été réalisée par arrêté en date du 21 juin 1920.

L'Instruction du 12 avril 1919 (Chapitre Ier, Organisation du Groupement régional) est donc modifiée en ce qui concerne ce point.

Paris, le 21 juin 1920.

Le Ministre du Commerce
et de l'Industrie.

Aug. ISAAC.

II

COMITÉS CONSULTATIFS
D'ACTION ÉCONOMIQUE

DÉCRET DU 25 OCTOBRE 1915,

relatif à la création et au fonctionnement des Comités consultatifs d'action économique [1].

Le Président de la République française,

Sur le rapport du Président du Conseil des Ministres et du Ministre de la Guerre,

Décrète :

Article premier.

Il est institué pour la durée de la guerre, dans chaque région de Corps d'armée de la zone de l'intérieur, un Comité consultatif d'action économique.

Le siège du Comité est fixé au chef-lieu de la région. Il peut exceptionnellement être transféré dans une autre ville par arrêté ministériel.

Art. 2.

Le Comité a pour mission de rechercher les mesures propres à maintenir et à développer l'activité agricole, industrielle et commerciale de la région, notamment par l'emploi rationnel de la main-d'œuvre civile et militaire, et par l'utilisation des ressources locales; il provoque l'exécution de ces mesures. A cet effet, il soumet, le cas échéant, au Ministre de la Guerre (Sous-Secrétariat d'État du Ravitaillement et de l'Intendance) toutes propositions qui lui paraissent justifiées.

---

(1) Cf. *J. O.* du 31 octobre 1915.

Toutes dispositions générales relatives à l'emploi de la main-d'œuvre des militaires mobilisés sont obligatoirement présentées à l'approbation du Ministre.

ART. 3.

Le Comité est composé ainsi qu'il suit : (1)

1° Le Préfet du département où siège le Comité, Président;

2° L'Intendant militaire, directeur du Service de l'Intendance de la région;

3° Un officier de l'État-major de la région, désigné par le Général commandant la région;

4° Un Inspecteur départemental du Travail;

5° Le Directeur des Services agricoles du département où siège le Comité;

6° Un Président de Commission de ravitaillement;

7° Le Trésorier-Payeur général du département où siège le Comité;

8° Deux représentants du Commerce, de l'Industrie et de l'Agriculture par département compris dans la région et choisis parmi les membres des Chambres de Commerce, des Chambres consultatives des Arts et Manufactures, des Sociétés et associations d'Agriculture et des Syndicats professionnels ou agricoles:

9° Un officier ou fonctionnaire désigné par le Ministre de la Guerre.

Les membres du Comité sont nommés par le Ministre de la Guerre sur proposition du Sous-Secrétaire d'État du Ravitaillement et de l'Intendance militaire.

---

(1) Le Président peut, exceptionnellement, appeler à siéger au Comité régional les fonctionnaires ou toutes autres personnalités de la région dont la présence lui paraîtrait nécessaire à raison de leur compétence pour l'examen de questions déterminées. (Instruction du 3 décembre 1915 portant organisation et fonctionnement des Comités consultatifs d'action économique. Chap. 2, art 2.)

ART. 4.

L'officier ou fonctionnaire désigné par le Ministre assure la liaison entre le Comité et l'Administration centrale de la Guerre, ainsi qu'avec les diverses autorités intéressées; il rend compte au Ministre (Sous-Secrétariat d'État du Ravitaillement et de l'Intendance) de l'exécution des mesures prescrites à la suite des délibérations du Comité.

ART. 5.

Le Comité fonctionne sous l'autorité directe du Ministre (Sous-Secrétariat d'État du Ravitaillement et de l'Intendance).

ART. 6.

Une instruction du Ministre de la Guerre réglera les détails d'application du présent décret et déterminera les conditions dans lesquelles pourront être éventuellement créés des Sous-Comités départementaux.

ART. 7.

Le Ministre de la Guerre est chargé de l'exécution du présent décret, qui sera publié au *Journal officiel* de la République française et inséré au *Bulletin des Lois.*

Fait à Paris, le 25 octobre 1915.

R. POINCARÉ.

Par le Président de la République :

Le Président du Conseil des Ministres,
RENÉ VIVIANI.

Le Ministre de la Guerre,
A. MILLERAND.

DÉCRET DU 28 FÉVRIER 1919

rattachant
les Comités consultatifs d'action économique
au Ministère du Commerce, de l'Industrie, des Postes
et des Télégraphes [1].

Le Président de la République française,

Sur le rapport du Président du Conseil, Ministre de la guerre, et du Ministre du commerce, de l'industrie, des postes et des télégraphes, des transports maritimes et de la marine marchande;

Vu le décret du 25 octobre 1915 créant des Comités consultatifs d'action économique,

Décrète :

ARTICLE PREMIER.

Les Comités consultatifs d'action économique créés par le décret du 25 octobre 1915 sont rattachés au Ministère du commerce, de l'industrie, des postes et des télégraphes, des transports maritimes et de la marine marchande et placés sous l'autorité directe du Ministre.

ART. 2.

Un arrêté du Ministre du commerce, de l'industrie, des postes et des télégraphes, des transports maritimes et de la ma-

---

[1] Cf. *J. O.* du 2 mars 1919.

rine marchande réglera les conditions dans lesquelles ce rattachement aura lieu.

ART. 3.

Le Président du Conseil, Ministre de la guerre, et le Ministre du commerce, de l'industrie, des postes et des télégraphes, des transports maritimes et de la marine marchande sont chargés, chacun en ce qui le concerne, de l'exécution du présent décret, qui sera publié au *Journal officiel* de la République française et inséré au *Bulletin des lois*.

Fait à Paris, le 28 février 1919.

R. POINCARÉ.

Par le Président de la République :

Le Président du Conseil, Ministre de la Guerre,
GEORGES CLEMENCEAU.

Le Ministre du Commerce, de l'Industrie,
des Postes et des Télégraphes,
des Transports maritimes et de la Marine marchande,
CLÉMENTEL.

ARRÊTÉ DU 6 AVRIL 1919

rattachant les Comités consultatifs d'action économique aux Groupements régionaux de Chambres de commerce[1].

LE MINISTRE DU COMMERCE ET DE L'INDUSTRIE,

Vu le décret du 25 octobre 1915;

Vu l'instruction du Ministre de la guerre en date du 3 décembre 1915;

Vu la circulaire interministérielle du 4 décembre 1915;

Vu la circulaire du Ministre de la guerre du 25 décembre 1915;

Vu l'instruction du Ministre de la guerre en date du 23 février 1917;

Vu le décret du 28 février 1910;

Vu l'arrêté du Ministre du commerce et de l'industrie en date du 5 avril 1919,

ARRÊTE :

ARTICLE PREMIER.

Les Comités consultatifs d'action économique, institués dans chaque région de corps d'armée, deviennent les Comités consultatifs des régions économiques constituées par les Groupements des Chambres de commerce.

Ils ont leur siège auprès du Comité régional, à la Chambre de commerce du chef-lieu de la région.

---

(1) Cf. *J. O.*, du 7 avril 1919.

ART. 2.

Ils continuent à fonctionner sous la présidence du préfet du chef-lieu de la région dans les conditions prévues par les décrets, arrêtés, circulaires et instructions susvisés, sous réserve des modifications suivantes :

1° Les membres des Comités régionaux des Groupements des Chambres de commerce font de droit partie du Comité consultatif de la région.

2° L'attaché d'intendance, délégué du Ministre de la guerre, est remplacé par le secrétaire général du Comité régional.

3° Les membres militaires dont la mission cesserait par suite du rétablissement de la paix pourront n'être pas remplacés.

ART. 3.

Les Comités consultatifs d'action économique actuellement existants dans des chefs-lieux de région militaire qui ne sont pas chefs-lieux de région économique pourront continuer à fonctionner comme sous-comités consultatifs.

ART. 4.

Les Groupements régionaux de Chambres de commerce, institués dans les chefs-lieux de région économique qui ne sont pas chefs-lieux de région militaire, provoqueront la création d'un Comité consultatif constitué d'après les mêmes règles.

Fait à Paris, le 6 avril 1919.

CLÉMENTEL.

III

TABLEAUX

COMPOSITION

des Groupements économiques régionaux institués par l'arrêté ministériel du 5 avril 1919 modifié par les arrêtés des 10 février, 27 mars et 21 mai 1920 et par les arrêtés des 15 octobre et 10 novembre 1920.

GROUPEMENTS.	CHAMBRES DE COMMERCE adhérentes à ces Groupements.	CHAMBRES DE COMMERCE qui s'y sont rattachées en seconde ligne.	GROUPEMENTS AUXQUELS APPARTIENNENT les Chambres rattachées en seconde ligne.
LILLE	Dunkerque. Armentières. Tourcoing. Roubaix. Lille. Douai. Valenciennes. Cambrai. Avesnes. Boulogne. Calais. Saint-Omer. Béthune. Arras.		
AMIENS	Abbeville. Amiens. Péronne. Le Tréport. Saint-Quentin. Beauvais.		
ROUEN	Bolbec. Dieppe. Elbeuf. Fécamp. Le Havre. Rouen. Évreux. Pont-Audemer.	Le Tréport.	Amiens.

GROUPEMENTS.	CHAMBRES DE COMMERCE adhérentes à ces Groupements.	CHAMBRES DE COMMERCE qui s'y sont rattachées en seconde ligne.	GROUPEMENTS AUXQUELS APPARTIENNENT les Chambres rattachées en seconde ligne.
CAEN...........	Caen.		
	Honfleur.		
	Cherbourg.		
	Granville.		
	Alençon.		
	Flers.		
NANTES.........	Laval.		
	Le Mans.		
	Nantes.	Orléans.	Région parisienne.
	Saint-Nazaire.		
	Angers.	Blois.	Région parisienne.
	Cholet.		
	Saumur.		
	Tours.		
	Lorient.		
	La Roche-sur-Yon.		
RENNES.........	Brest.		
	Morlaix.		
	Quimper.		
	Saint-Brieuc.		
	Fougères.		
	Rennes.		
	Saint-Malo.		
LIMOGES........	Niort.	Brive.	Bordeaux.
	Poitiers.		
	La Rochelle.		
	Rochefort.		
	Angoulême.		
	Cognac.		
	Limoges.		
	Guéret.		
	Tulle.		
	Périgueux.		

GROUPEMENTS.	CHAMBRES DE COMMERCE adhérentes à ces Groupements.	CHAMBRES DE COMMERCE qui s'y sont rattachées en seconde ligne.	GROUPEMENTS AUXQUELS APPARTIENNENT les Chambres rattachées en seconde ligne.
BORDEAUX	Bordeaux. Libourne. Mont-de-Marsan. Bayonne. Bergerac. Agen. Auch. Brive,	Tulle. Angoulême. Périgueux. Rochefort.	Limoges.
		Cahors. Castres. Mazamet. Montauban. Tarbes.	Toulouse.
		Clermont-Ferrand.	Clermont-Ferrand.
TOULOUSE	Cahors. Montauban. Albi. Castres. Mazamet. Tarbes. Toulouse. Foix. Rodez. Perpignan.	Auch. Agen.	Bordeaux.
		Cette. Carcassonne. Narbonne.	Montpellier.
MONTPELLIER	Béziers. Cette. Montpellier. Carcassonne. Narbonne. Millau. Mende.	Perpignan.	Toulouse.

GROUPEMENTS.	CHAMBRES DE COMMERCE adhérentes à ces Groupements.	CHAMBRES DE COMMERCE qui s'y sont rattachées en seconde ligne.	GROUPEMENTS AUXQUELS APPARTIENNENT les Chambres rattachées en seconde ligne.
MARSEILLE......	Alais. Nîmes. Avignon. Marseille. Arles. Digne. Gap. Toulon. Ajaccio. } Sous- Bastia (1). } région.		
GRENOBLE......	Annecy. Chambéry. Grenoble. Nice.	Vienne. Digne. Gap. —	Lyon. Marseille.
LYON..........	Mâcon. Bourg. Lyon. Tarare. Villefranche. Roanne. Le Puy. Vienne. Annonay. Valence. Aubenas.		

(1) Bastia est le centre de la sous-région de Corse.

GROUPEMENTS.	CHAMBRES DE COMMERCE adhérentes à ces Groupements.	CHAMBRES DE COMMERCE qui s'y sont rattachées en seconde ligne.	GROUPEMENTS AUXQUELS APPARTIENNENT les Chambres rattachées en seconde ligne.
NANCY	Charleville. Sedan. Châlons-sur-Marne. Reims. Troyes. Bar-le-Duc. Saint-Dizier. Nancy. Épinal. Saint-Dié. Lure.		
PARIS	Paris.		
RÉGION PARISIENNE	Sous-région du bassin de la Seine (1) : Chartres. Corbeil. Meaux. Melun. Auxerre. Sens. Sous-région du bassin de la Loire (2) : Orléans. Blois.		
CLERMONT-FERRAND	Montluçon. Moulins. Ambert. Clermont-Ferrand. Riom. Thiers. Aurillac. Brioude.	Le Puy.	Lyon.

(1) Le siège du groupement et le centre de la sous-région du bassin de la Seine sont à Paris.
(2) Le centre de la sous-région du bassin de la Loire est à Orléans.

GROUPEMENTS.	CHAMBRES DE COMMERCE adhérentes à ces Groupements.	CHAMBRES DE COMMERCE qui s'y sont rattachées en seconde ligne.	GROUPEMENTS AUXQUELS APPARTIENNENT les Chambres rattachées en seconde ligne.
DIJON..........	Beaune.......... Chalon-sur-Saône.. Dijon........... Gray........... Lons-le-Saunier...		

CHAMBRES DE COMMERCE

n'ayant jusqu'ici adhéré à aucun Groupement ou devant faire partie de Groupements en voie de formation.

Belfort.
Besançon.
Bourges.
Châteauroux.
Nevers.
Saint-Étienne.
Versailles.

Les Chambres de commerce d'Alsace et de Lorraine : Metz, Strasbourg, Colmar, Mulhouse.

TABLEAU

indiquant les Groupements auxquels sont rattachées les Chambres de commerce de France.

CHAMBRES DE COMMERCE.	GROUPEMENTS dont ELLES FONT PARTIE.	GROUPEMENTS auxquels ELLES SONT RATTACHÉES en seconde ligne.
ABBEVILLE	Amiens.	
AGEN	Bordeaux.	Toulouse.
AJACCIO	Marseille.	
ALAIS	Marseille.	
ALBI	Toulouse.	
ALENÇON	Caen.	
AMBERT	Clermont-Ferrand.	
*AMIENS	Amiens.	
ANGERS	Nantes.	
ANGOULÊME	Limoges.	Bordeaux.
ANNECY	Grenoble.	
ANNONAY	Lyon.	
ARLES	Marseille.	
ARMENTIÈRES	Lille.	
ARRAS	Lille.	
AUBENAS	Lyon.	
AUCH	Bordeaux.	Toulouse.
AURILLAC	Clermont-Ferrand.	
AUXERRE	Région parisienne.	
AVESNES	Lille.	
AVIGNON	Marseille.	
BAR-LE-DUC	Nancy.	
BASTIA	Marseille.	
BAYONNE	Bordeaux.	
BEAUNE	Dijon.	
BEAUVAIS	Amiens.	
BELFORT		
BERGERAC	Bordeaux.	
BESANÇON		

Les villes précédées d'un astérisque sont sièges d'un Groupement.

CHAMBRES DE COMMERCE.	GROUPEMENTS dont ELLES FONT PARTIE.	GROUPEMENTS auxquels ELLES SONT RATTACHÉES en seconde ligne.
Béthune	Lille.	
Béziers	Montpellier.	
Blois	Région parisienne.	Nantes.
Bolbec	Rouen.	
*Bordeaux	Bordeaux.	
Boulogne	Lille.	
Bourg (Ain)	Lyon.	
Bourges		
Brest	Rennes.	
Brioude	Clermont-Ferrand.	
Brive	Bordeaux.	Limoges.
*Caen	Caen.	
Cahors	Toulouse.	Bordeaux.
Calais	Lille.	
Cambrai	Lille.	
Carcassonne	Montpellier.	Toulouse.
Castres	Toulouse.	Bordeaux.
Cette	Montpellier.	Toulouse.
Chalon-sur-Saône	Dijon.	
Châlons-sur-Marne	Nancy.	
Chambéry	Grenoble.	
Charleville	Nancy.	
Chartres	Région parisienne.	
Châteauroux		
Cherbourg	Caen.	
Cholet	Nantes.	
*Clermont-Ferrand	Clermont-Ferrand.	Bordeaux.
Cognac	Limoges.	
Corbeil	Région parisienne.	
Dieppe	Rouen.	
Digne	Marseille.	Grenoble.
*Dijon	Dijon.	
Douai	Lille.	
Dunkerque	Lille.	
Elbeuf	Rouen.	

Les villes précédées d'un astérisque sont sièges d'un Groupement.

CHAMBRES DE COMMERCE.	GROUPEMENTS dont ELLES FONT PARTIE.	GROUPEMENTS auxquels ELLES SONT RATTACHÉES en seconde ligne.
ÉPINAL	Nancy.	
ÉVREUX	Rouen.	
FÉCAMP	Rouen.	
FLERS	Caen.	
FOIX	Toulouse.	
FOUGÈRES	Rennes.	
GAP	Marseille.	Grenoble.
GRANVILLE	Caen.	
GRAY	Dijon.	
*GRENOBLE	Grenoble.	
GUÉRET	Limoges.	
HAVRE (LE)	Rouen.	
HONFLEUR	Caen.	
LAVAL	Nantes.	
LIBOURNE	Bordeaux.	
*LILLE	Lille.	
*LIMOGES	Limoges.	
LONS-LE-SAUNIER	Dijon.	
LORIENT	Nantes.	
LURE	Nancy.	
*LYON	Lyon.	
*MÂCON	Lyon.	
MANS (LE)	Nantes.	
*MARSEILLE	Marseille.	
MAZAMET	Toulouse.	Bordeaux.
MEAUX	Région parisienne.	
MELUN	Région parisienne.	
MENDE	Montpellier.	
MILLAU	Montpellier.	
MONTAUBAN	Toulouse.	Bordeaux.
MONT-DE-MARSAN	Bordeaux.	
MONTLUÇON	Clermont-Ferrand.	
*MONTPELLIER	Montpellier.	
MORLAIX	Rennes.	
MOULINS	Clermont-Ferrand.	

Les villes précédées d'un astérisque sont sièges d'un Groupement.

CHAMBRES DE COMMERCE.	GROUPEMENTS dont ELLES FONT PARTIE.	GROUPEMENTS auxquels ELLES SONT RATTACHÉES en seconde ligne.
*NANCY	Nancy.	
*NANTES	Nantes.	
NARBONNE	Montpellier.	Toulouse.
NEVERS		
NICE	Grenoble.	
NIMES	Marseille.	
NIORT	Limoges.	
ORLÉANS	Région parisienne.	Nantes.
*PARIS	Paris.	
PÉRIGUEUX	Limoges.	Bordeaux.
PÉRONNE	Amiens.	
PERPIGNAN	Toulouse.	Montpellier.
POITIERS	Limoges.	
PONT-AUDEMER	Rouen.	
PUY (LE)	Lyon.	Clermont-Ferrand.
QUIMPER	Rennes.	
REIMS	Nancy.	
*RENNES	Rennes.	
RIOM	Clermont-Ferrand.	
ROANNE	Lyon.	
ROCHEFORT	Limoges.	Bordeaux.
ROCHELLE (LA)	Limoges.	
ROCHE-SUR-YON (LA)	Nantes.	
RODEZ	Toulouse.	
ROUBAIX	Lille.	
*ROUEN	Rouen.	
SAINT-BRIEUC	Rennes.	
SAINT-DIÉ	Nancy.	
SAINT-DIZIER	Nancy.	
SAINT-ÉTIENNE		
SAINT-MALO	Rennes.	
SAINT-NAZAIRE	Nantes.	
SAINT-OMER	Lille.	
SAINT-QUENTIN	Amiens.	
SAUMUR	Nantes.	

Les villes précédées d'un astérisque sont sièges d'un Groupement.

CHAMBRES DE COMMERCE.	GROUPEMENTS dont ELLES FONT PARTIE.	GROUPEMENTS auxquels ELLES SONT RATTACHÉES en seconde ligne.
SEDAN	Nancy.	
SENS	Région parisienne.	
TARARE	Lyon.	
TARBES	Toulouse.	Bordeaux.
THIERS	Clermont-Ferrand.	
TOULON	Marseille.	
*TOULOUSE	Toulouse.	
TOURCOING	Lille.	
TOURS	Nantes.	
TRÉPORT (LE)	Amiens.	Rouen.
TROYES	Nancy.	
TULLE	Limoges.	Bordeaux.
VALENCE	Lyon.	
VALENCIENNES	Lille.	
VERSAILLES		
VIENNE	Lyon.	Grenoble.
VILLEFRANCHE (Rhône)	Lyon.	

Les villes précédées d'un astérisque sont sièges d'un Groupement.

TABLE DES MATIÈRES.

I.

GROUPEMENTS ÉCONOMIQUES RÉGIONAUX.

II.

COMITÉS CONSULTATIFS D'ACTION ÉCONOMIQUE.

(1) Le texte de cet arrêté comprend toutes les modifications qui lui ont été apportées par les arrêtés des 10 février, 27 mars et 21 mai 1920.

(2) Le texte de cet arrêté comprend les modifications qut lui ont été apportées par les arrêtés des 18 août 1919 et 21 juin 1920.

III.

TABLEAUX.

www.ingramcontent.com/pod-product-compliance
Ingram Content Group UK Ltd.
Pitfield, Milton Keynes, MK11 3LW, UK
UKHW020953180726
13838UKWH00003B/1296